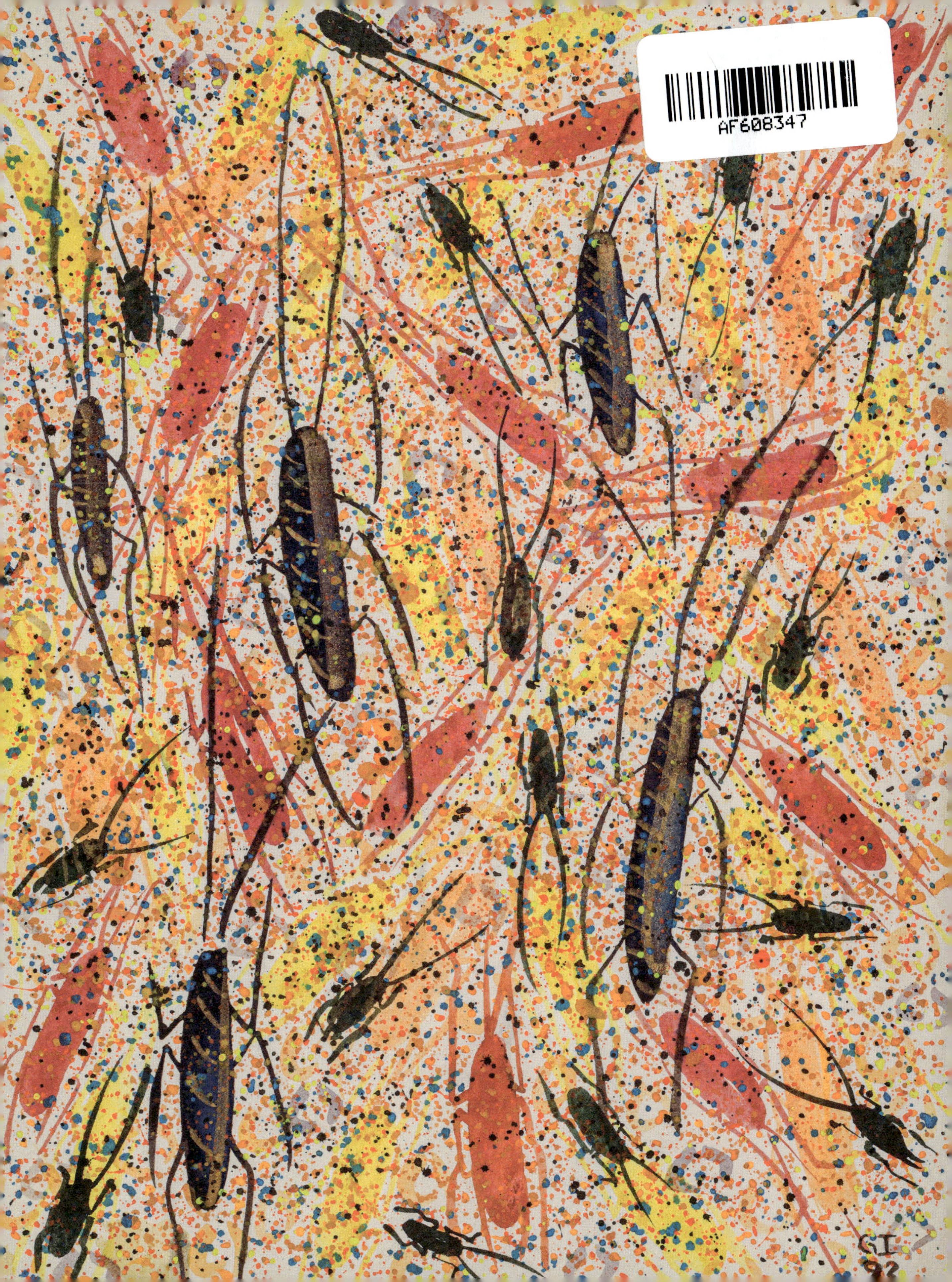

AF608347

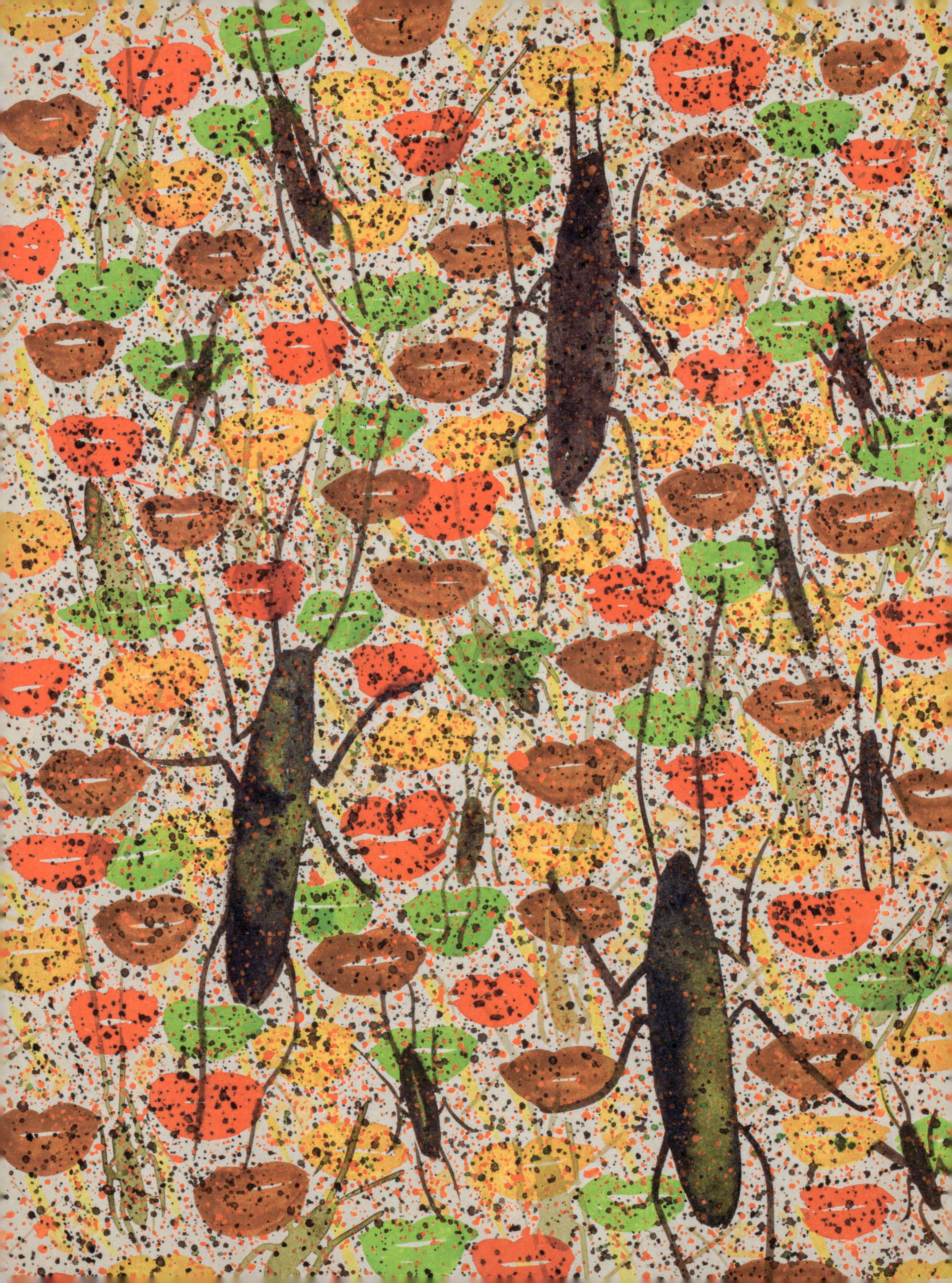

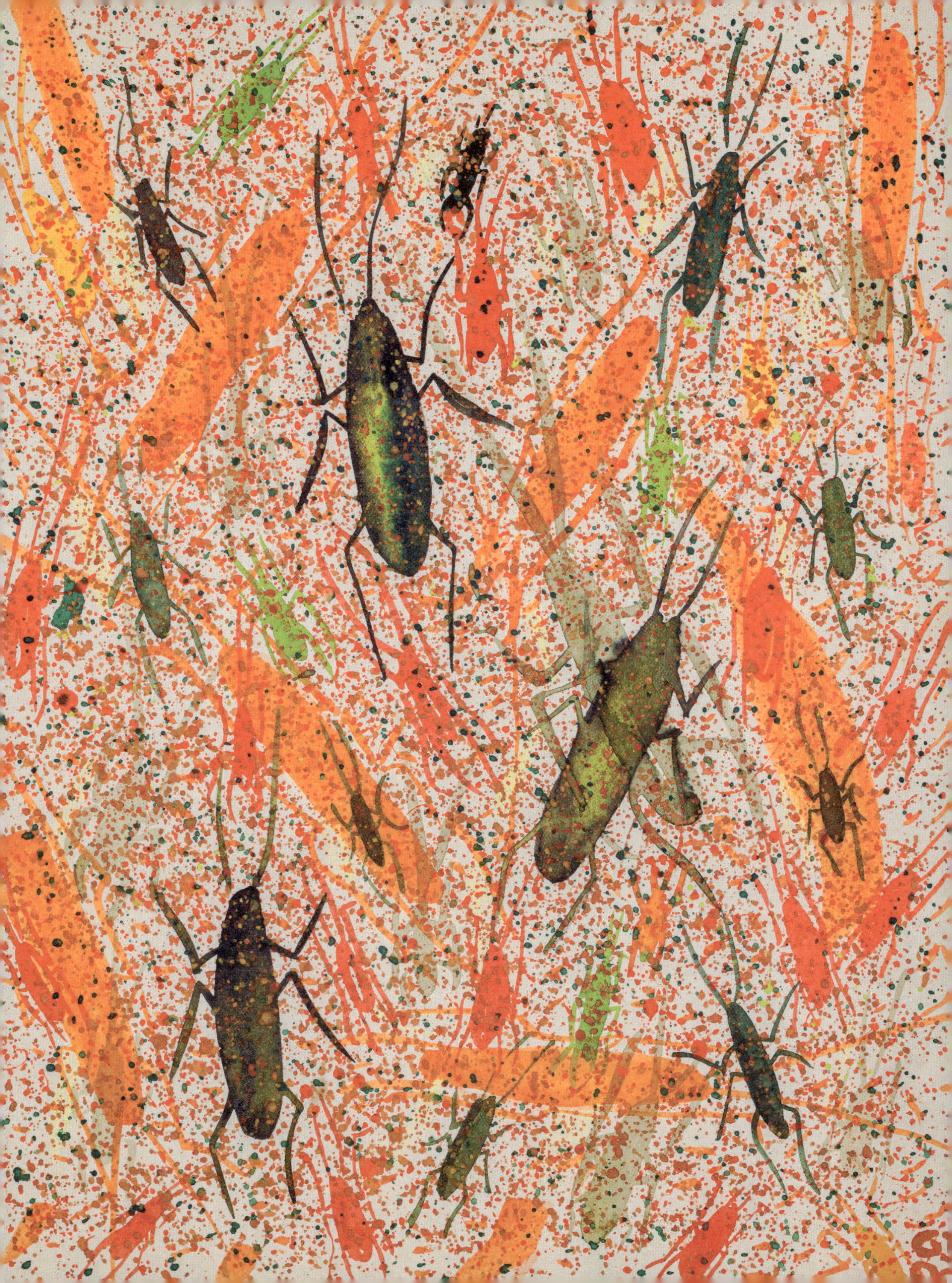

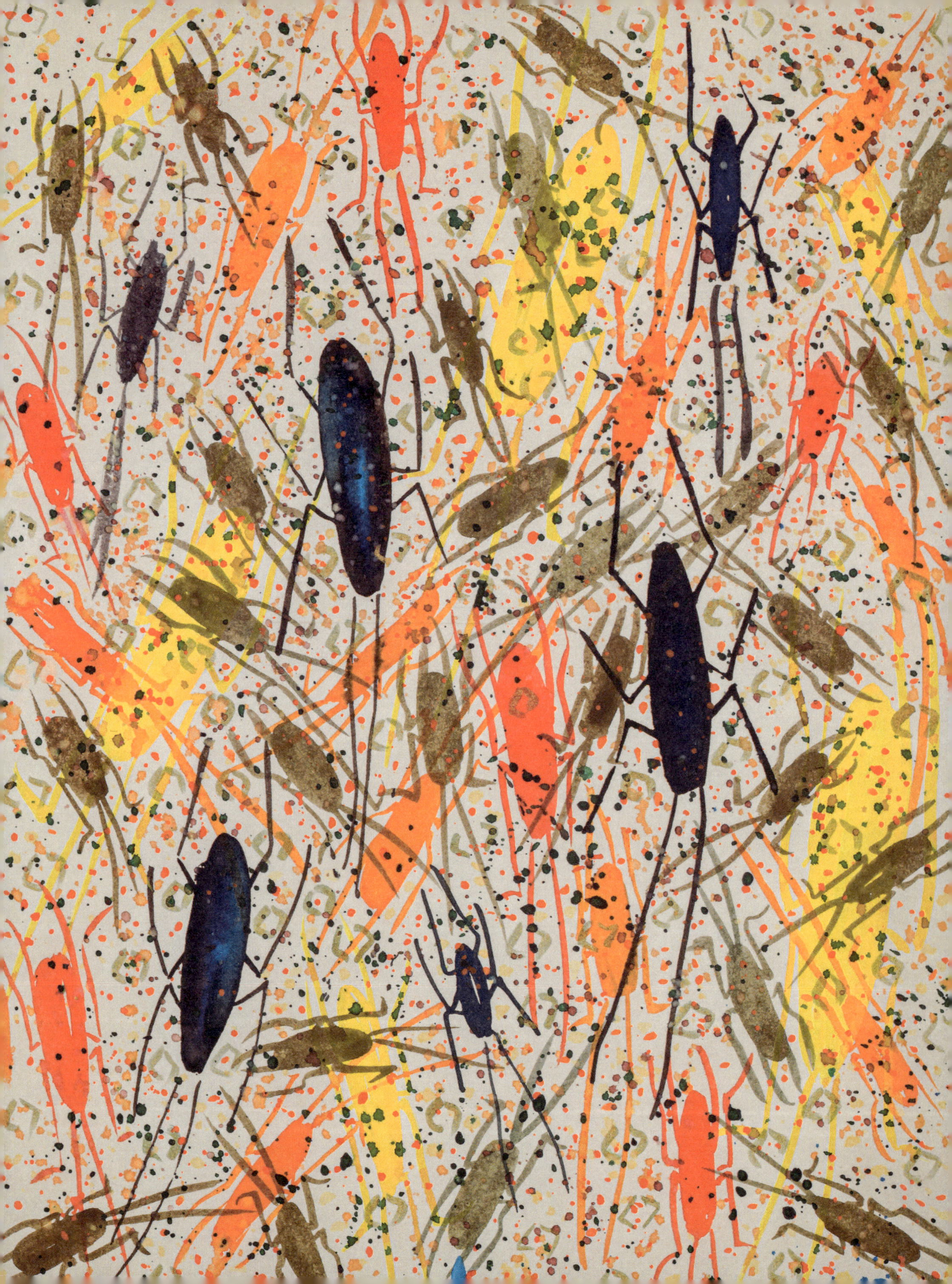

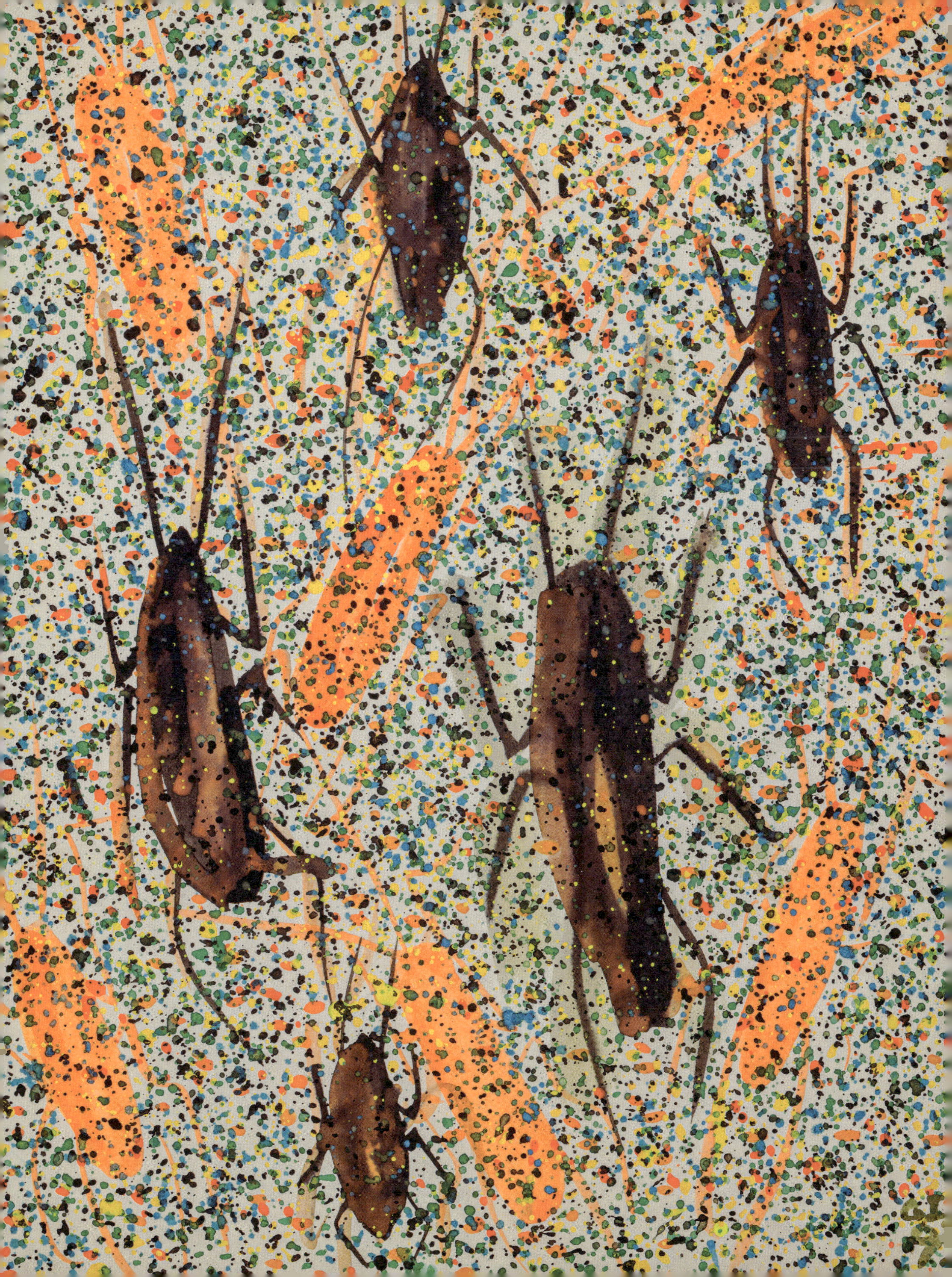

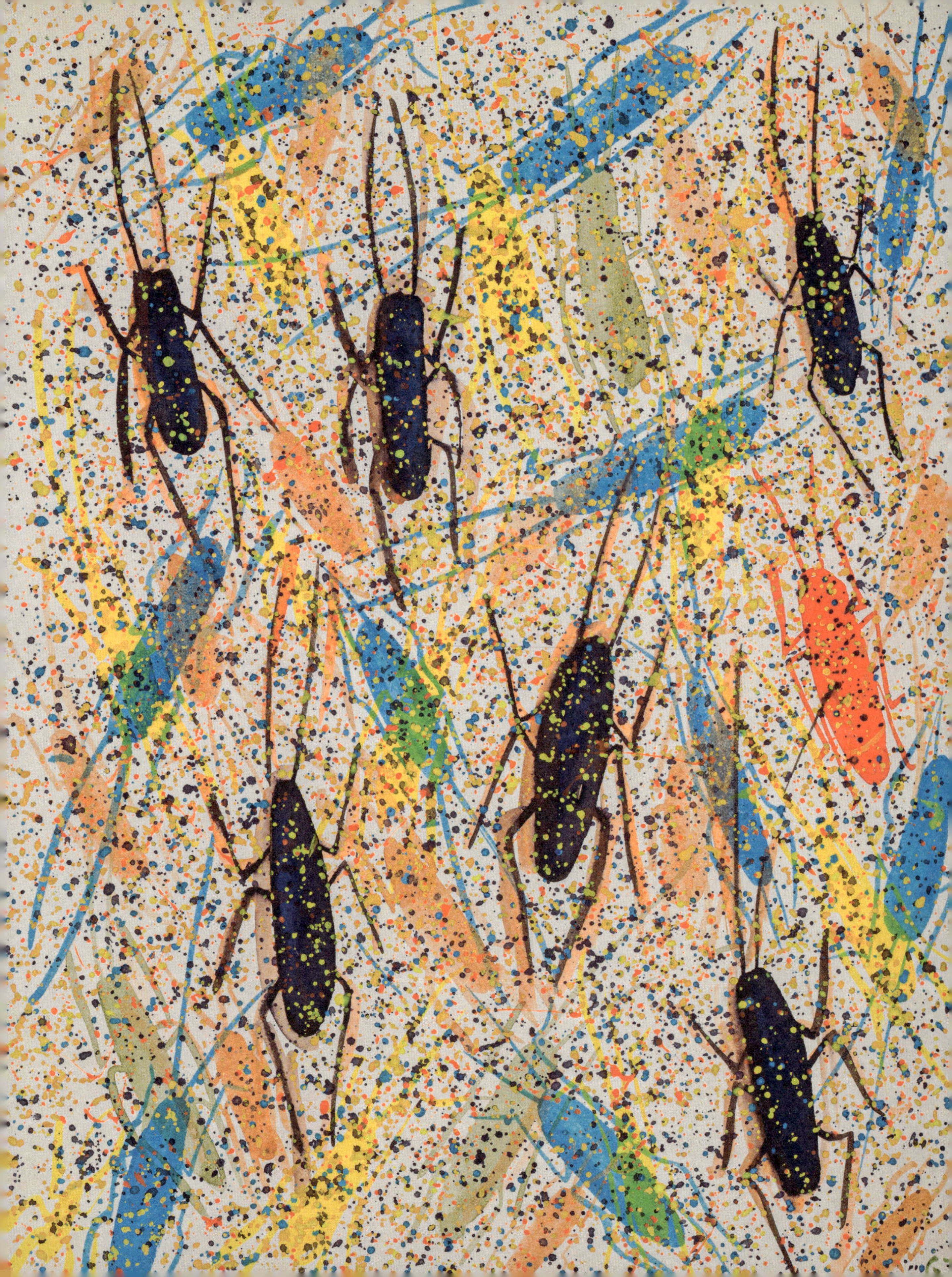

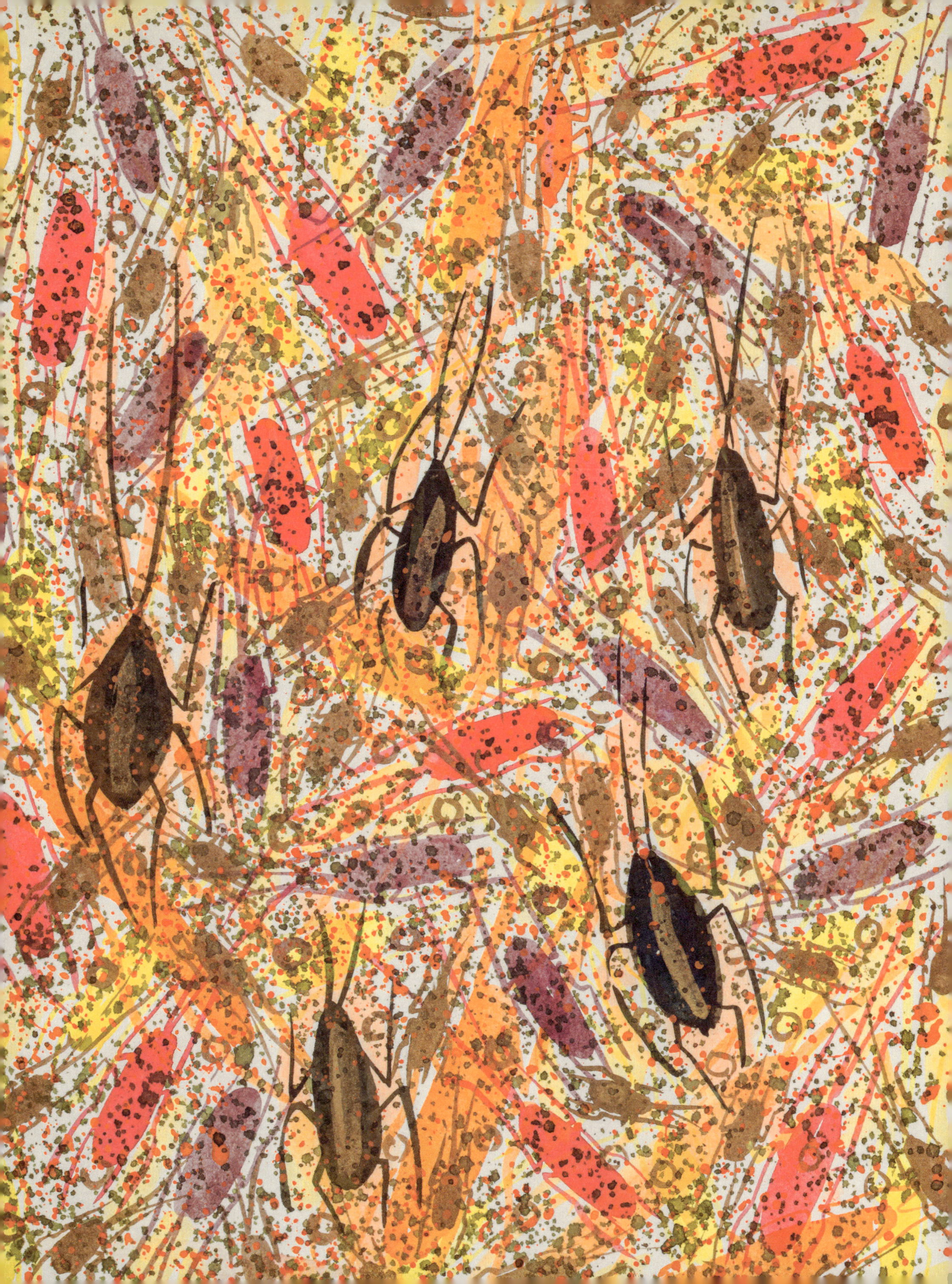

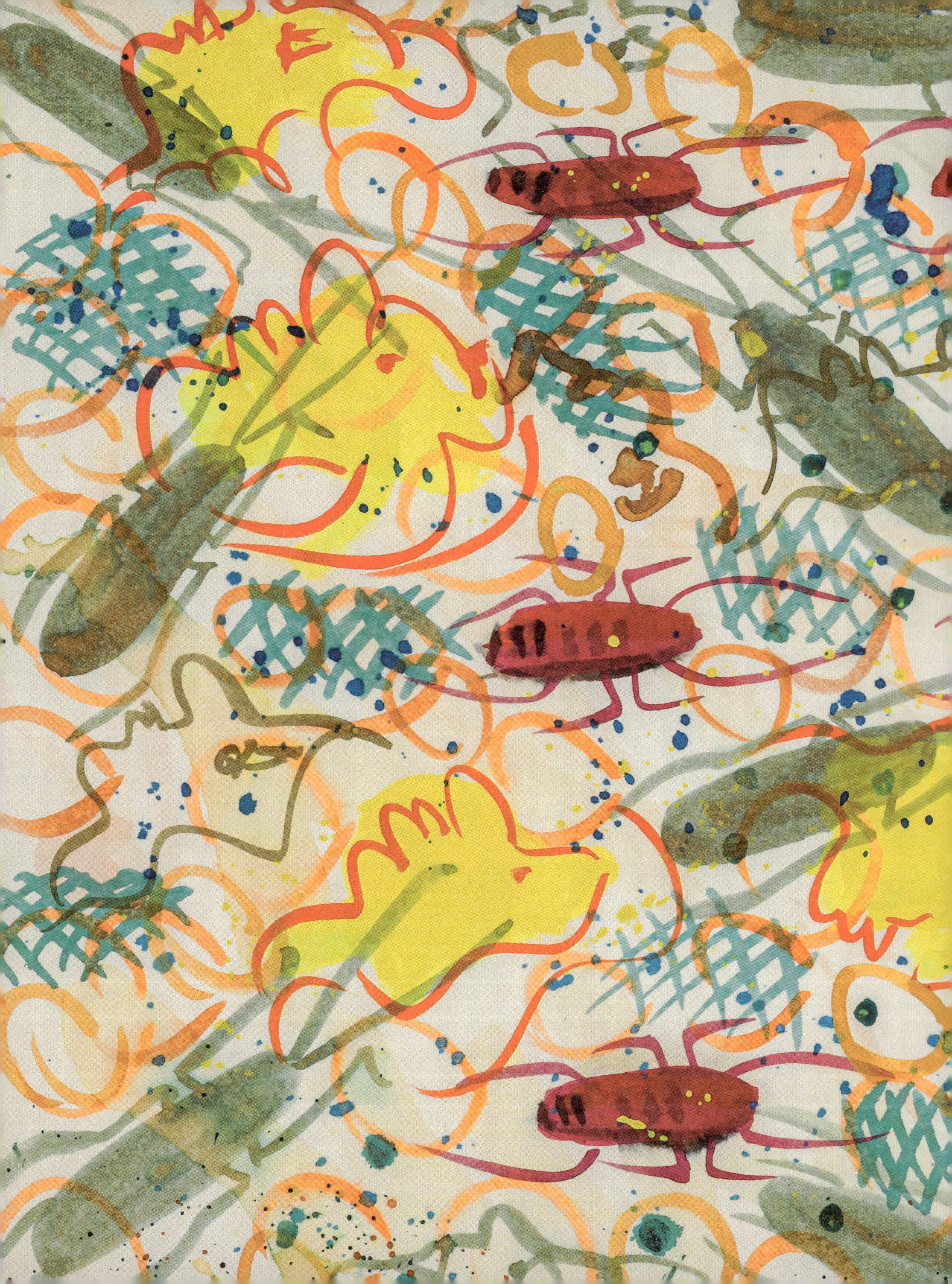

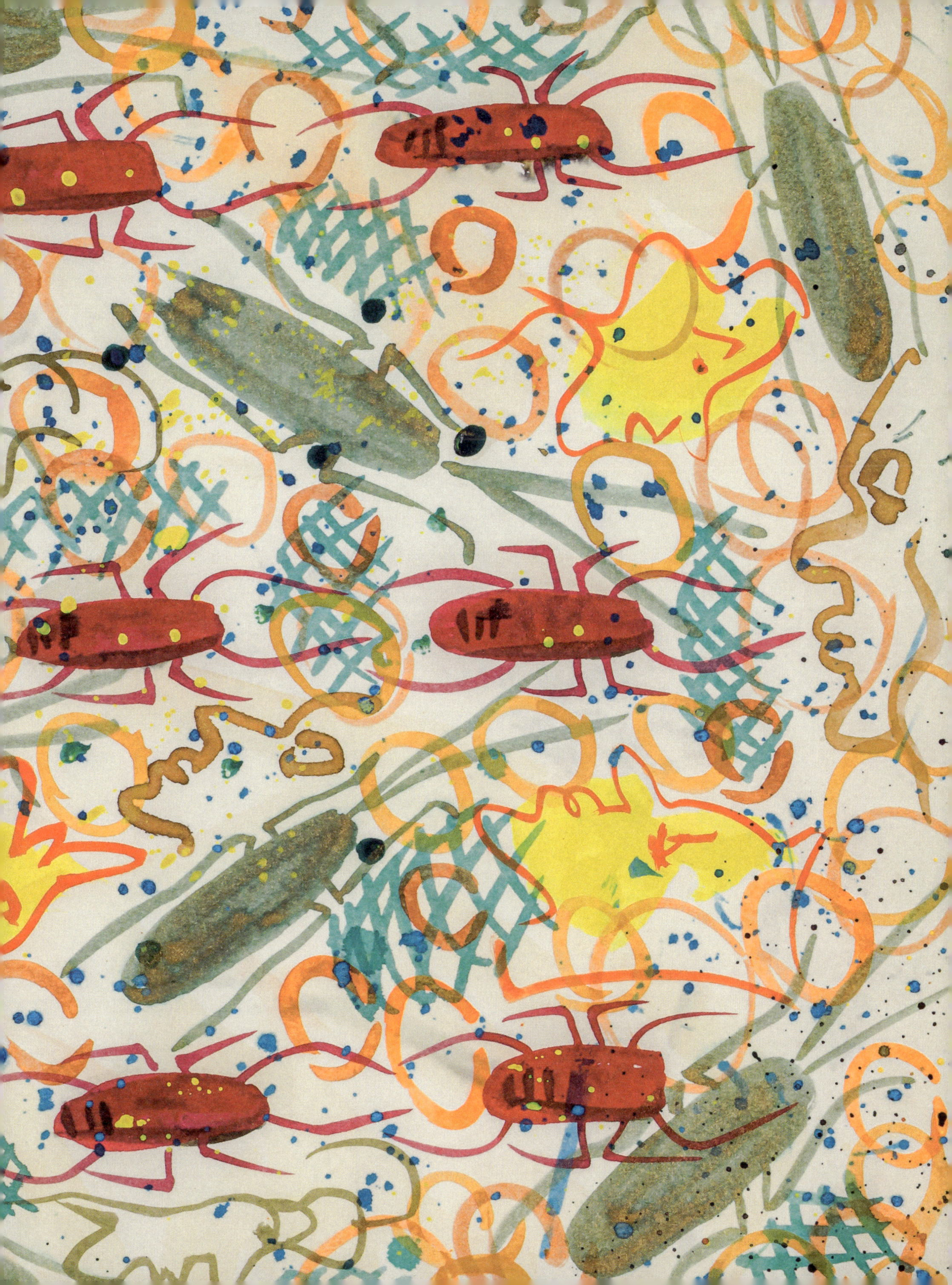

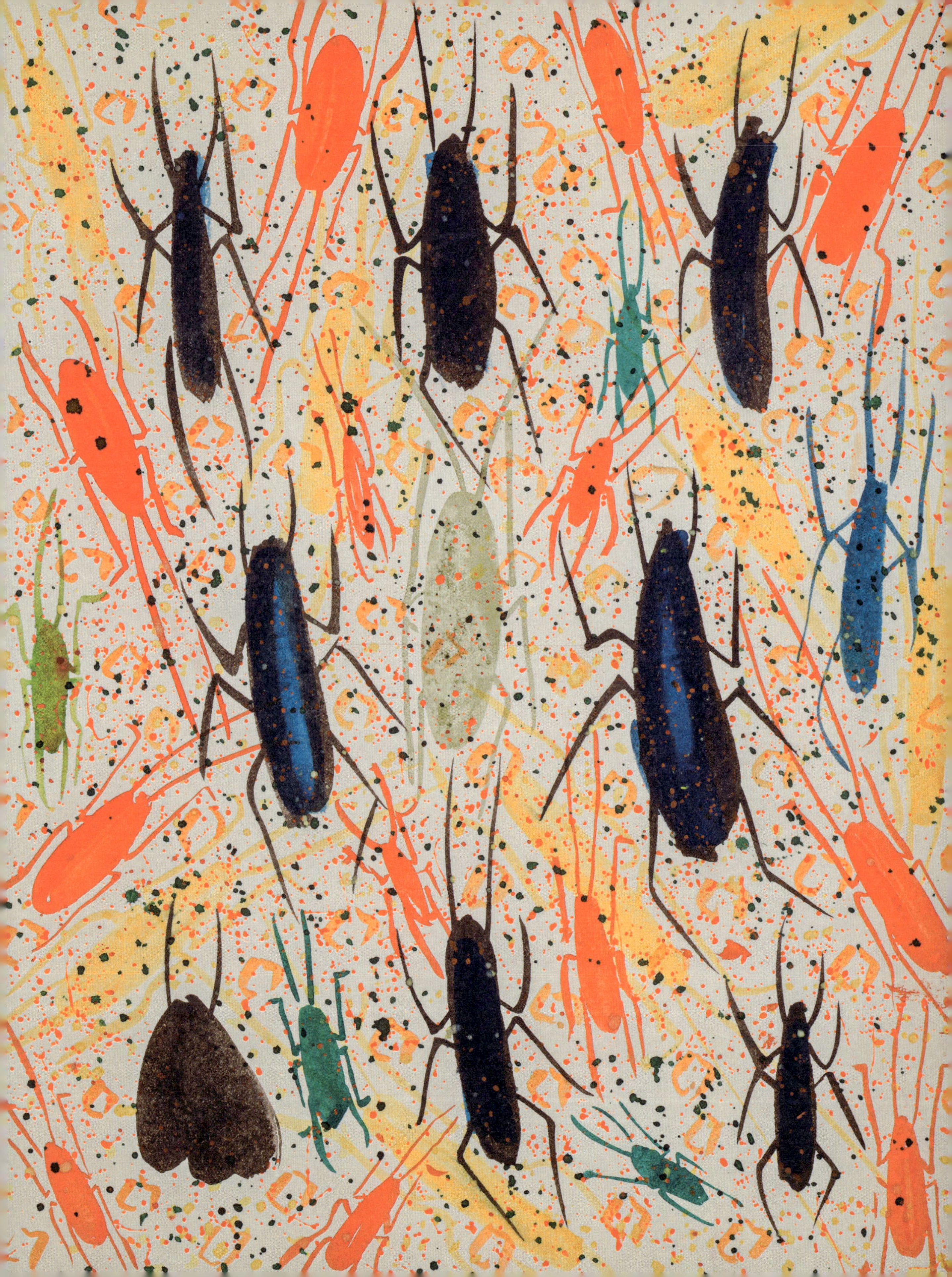

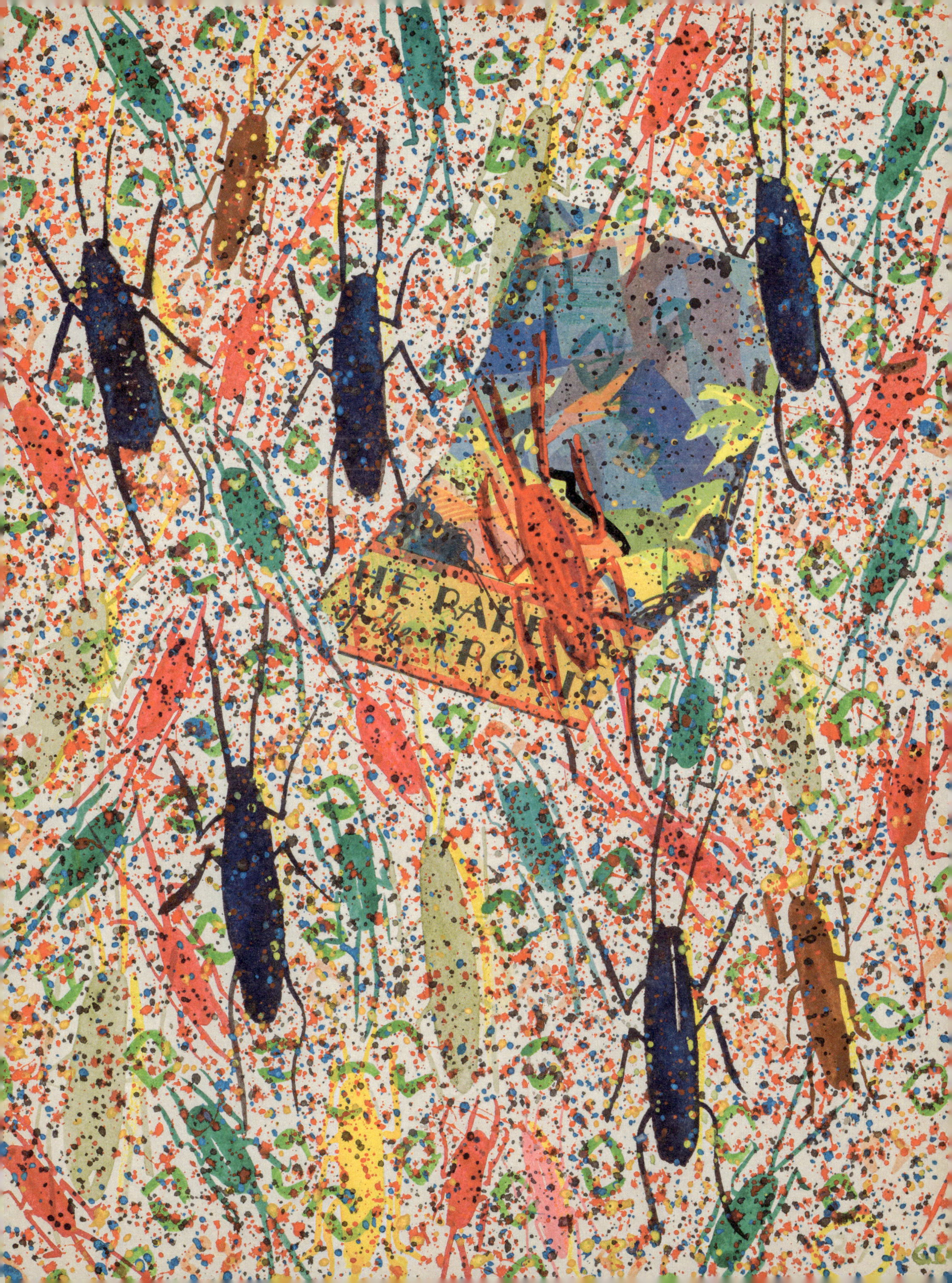

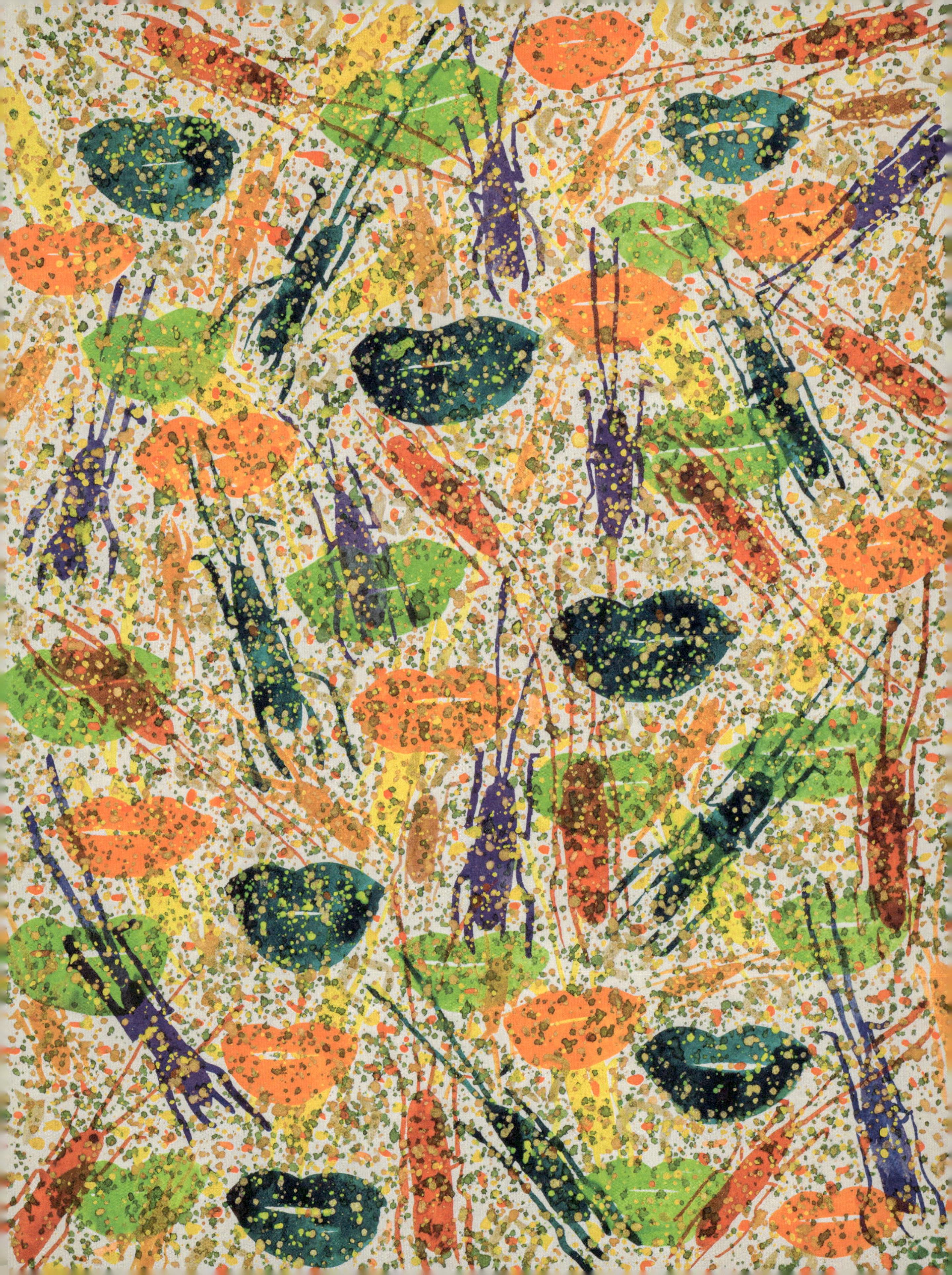

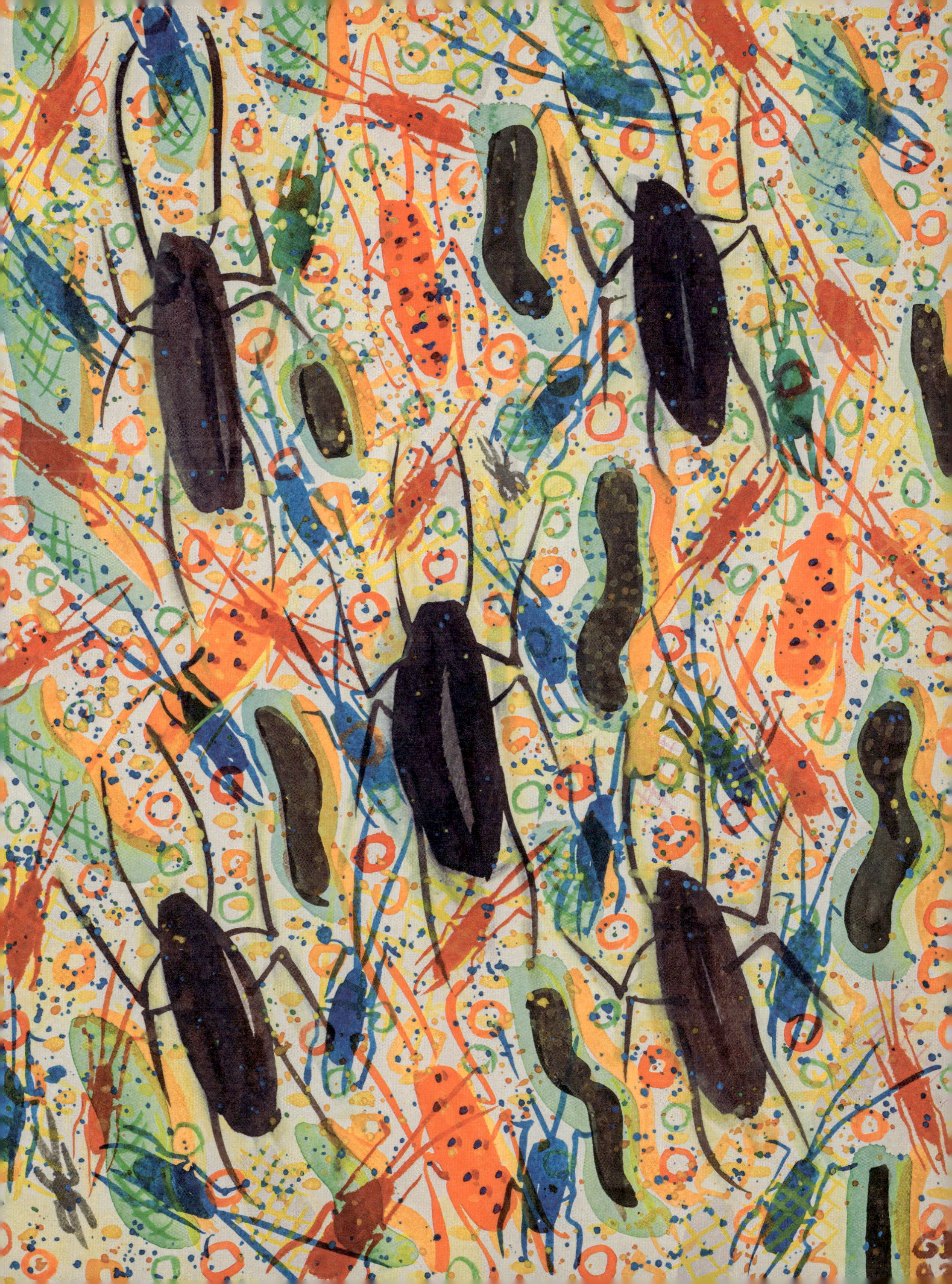

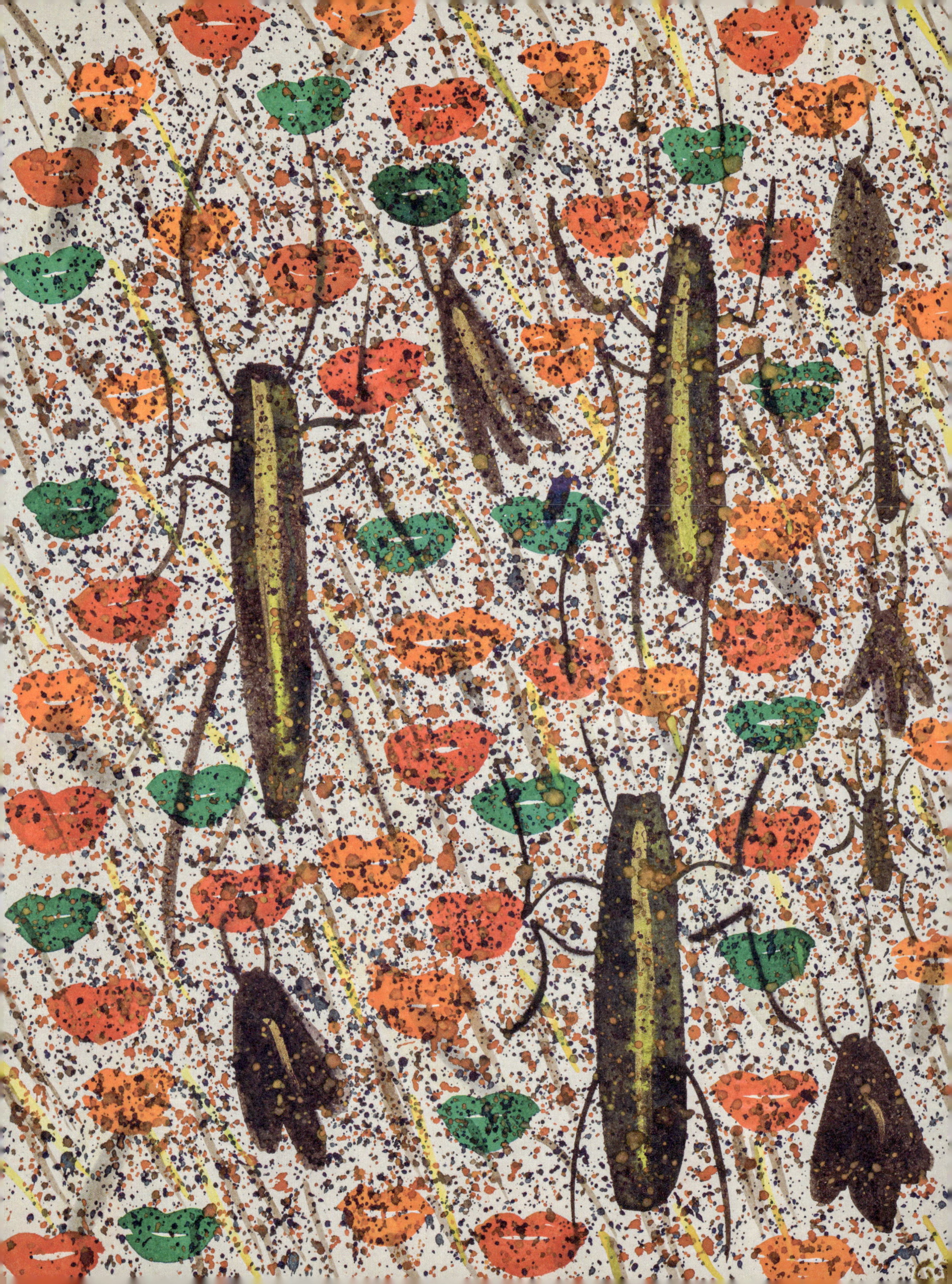

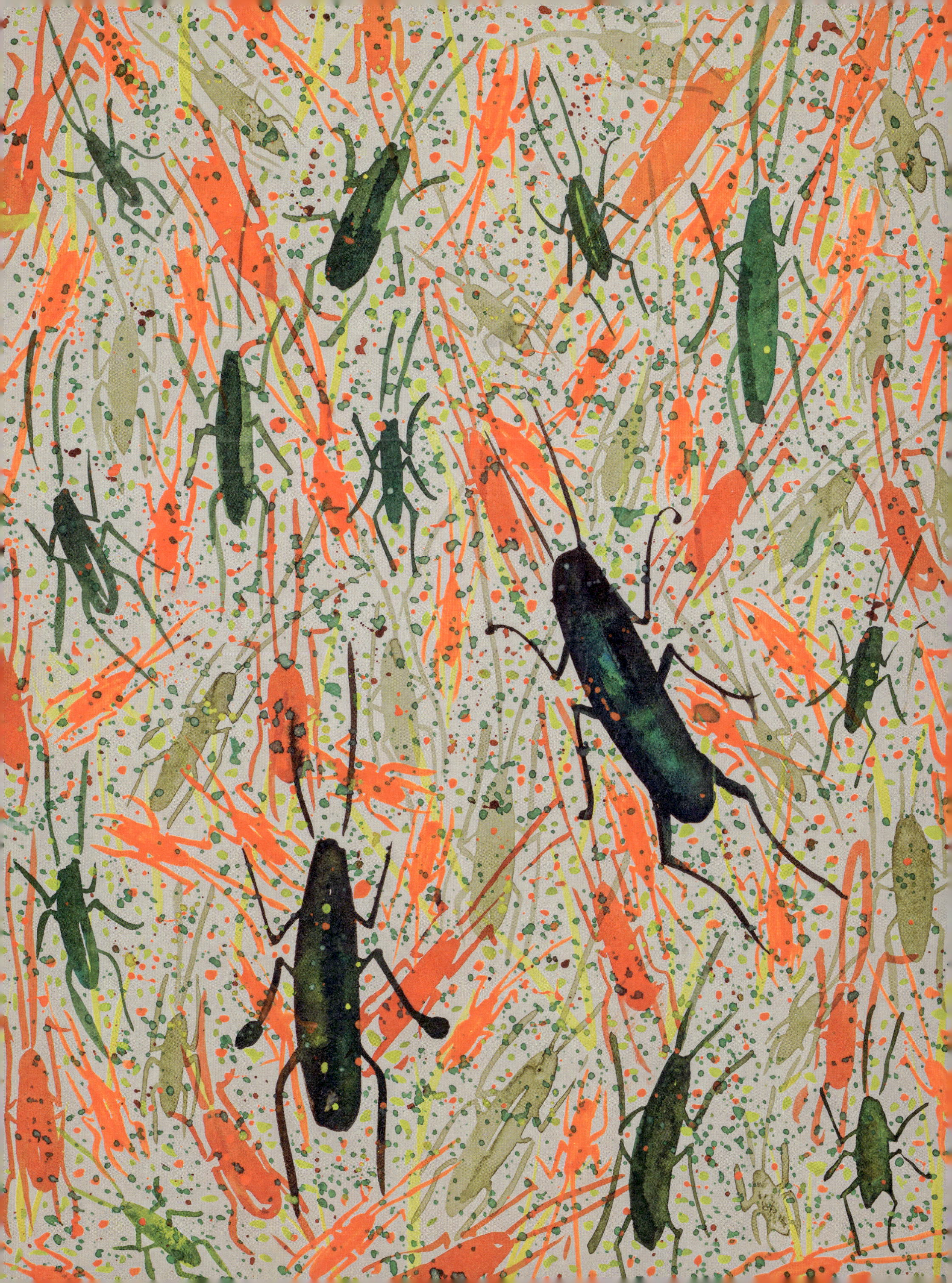

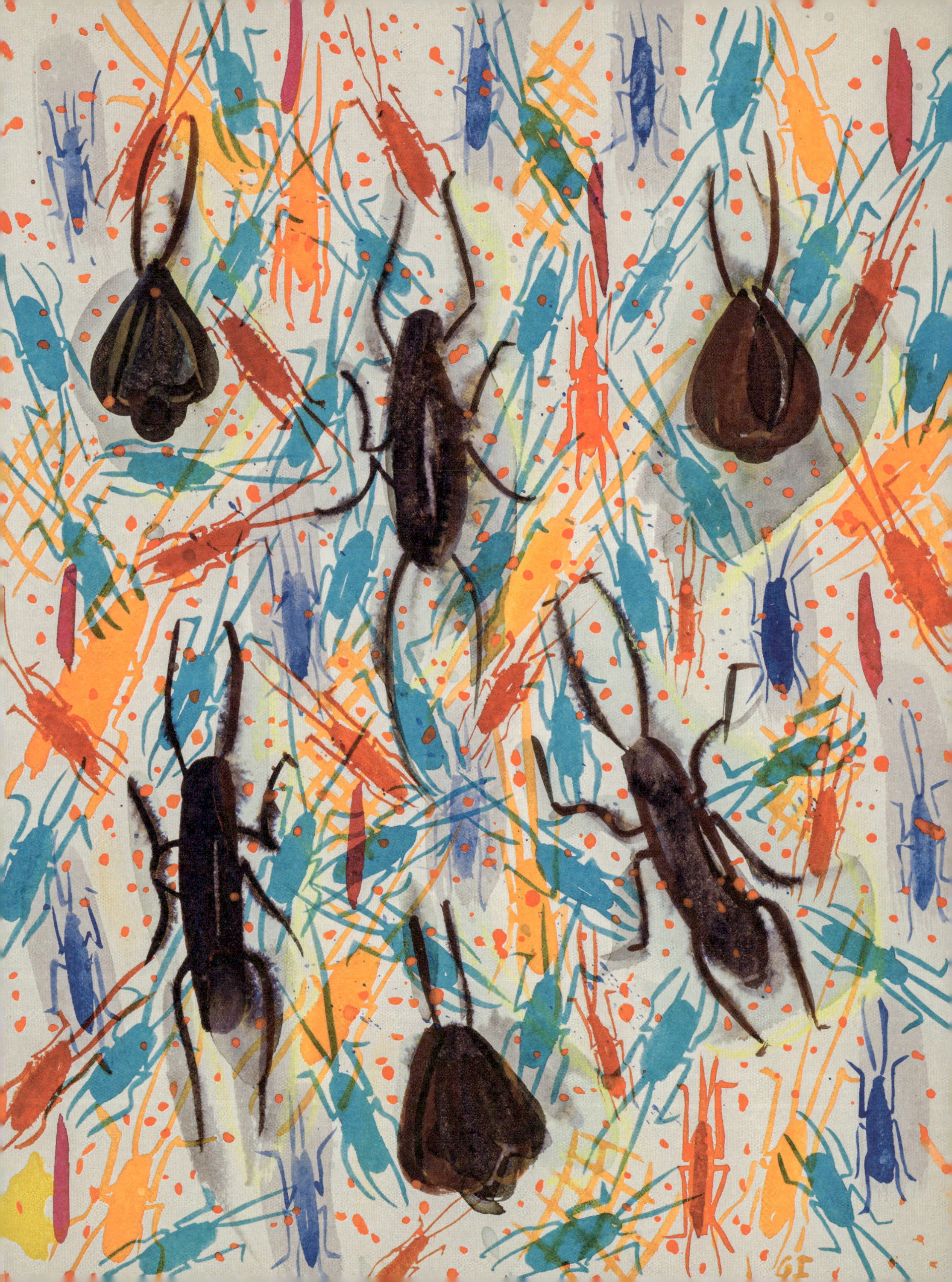